Méthode Elémentaire

d'un Cours Collectif ou Simultané afin de faire travailler un nombre de Dix, Quinze ou Vingt Elèves ensemble pour former rapidement une Fanfare ou Musique d'Harmonie.

Tous les Exercices se jouent par les Instruments à Pistons de différents tons tels que, Cornets, Sax-horns Contraltos, Altos, Barytons et Basses clef de Sol.

PAR

MICHEL MARFAINC.

En Vente, chez l'AUTEUR, à Fontenay-le-Comte (Vendée)

Prix net 3 Francs.

Impr. Benoist aîné rue Meslay, 31 Paris

PRÉFACE.

En faisant cette Méthode d'un tout nouveau genre, nous croyons alléger le travail aride des professeurs, en leur donnant la faculté de donner des leçons a un nombre illimité d'Elèves, c'est-à-dire de pouvoir faire un cours simultané, qui permette de jouer les Exercices par des Instruments de même nature, quoique étant de différents tons.

L'Expérience que nous avons d'écrire pour les Musiques d'harmonies et Fanfares et le succès toujours croissant qu'à obtenu, *Le Collègien*, journal que nous publions depuis douze ans, nous est un sûr garant que le travail que nous publions, pourra être de quelque utilité aux personnes qui s'occupent de ces Instruments.

TENUE DU CORPS ET DE L'INSTRUMENT.

Le corps, légèrement incliné sur la jambe gauche, doit rester immobile et d'aplomb, tenir la tête droite, la poitrine effacée pour faciliter le jeu des poumons.

La main gauche supporte l'instrument et donne plus ou moins de pression sur les lèvres, afin de produire les sons aigus, du médium, ou graves, conjointement avec la main droite qui fait jouer les Pistons.

Il est très important que l'élève tienne son instrument sans raideur, c'est-à-dire en arrondissant les poignets avec souplesse et les coudes près du corps.

POSITION DE L'EMBOUCHURE.

L'Embouchure devra se placer { 1° les deux tiers de la circonférence sur la lèvre supérieure. 2° un tiers sur la lèvre inférieure

Les lèvres devront être tendues et souriantes, afin d'avoir de la fermeté et en même temps de la souplesse.

FORMATION DU SON.

Le son se produit par une quantité d'air que l'on aspire et que l'on lance avec force dans l'embouchure, l'air qui se trouve dans l'instrument reçoit un choc et forme le son, qui est plus où moins fort suivant la force avec laquelle il est attaqué.

C'est la langue qui doit articuler et produire les sons en prononçant la syllabe (*tu* ou *ta.*) de cette attaque il résulte des sons forts; si au contraire l'on veut obtenir des sons moëlleux où doux, il faut prononcer la syllabe (*du* ou *da*) l'une et l'autre de ces deux manières sont indispensables pour acquérir le jeu de l'Instrument.

Chaque Elève devra être pris séparément, jusqu'à formation du son.

Exemple.

Recommandation essentielle d'attaquer de la langue et non du gosier.

Le 0 indique que cette note se fait sans le secours des Pistons.

Le chiffre **1** indique que cette note se fait du 1.er Piston.
Le chiffre 2 indique que cette note se fait du 2.e Piston.
Le chiffre **3** indique que cette note se fait du 3.e Piston.

Ce signe — indique les sons droits, égale force de toute la durée de la note.

Ce signe > indique les sons attaqués et diminués

Ce signe < indique les sons augmentés.

Ce signe <> indique les sons augmentés et diminués.

Faire chaque reprise plusieurs fois
1.º une fois fort ***f*** à partir du N.º 5
2.º une fois doux ***p***

de L'ARTICULATION.

L'on appelle articulation, ce dont on se sert pour lier où détacher les notes et donner au rithme le caractère qui lui convient.

Exemple.

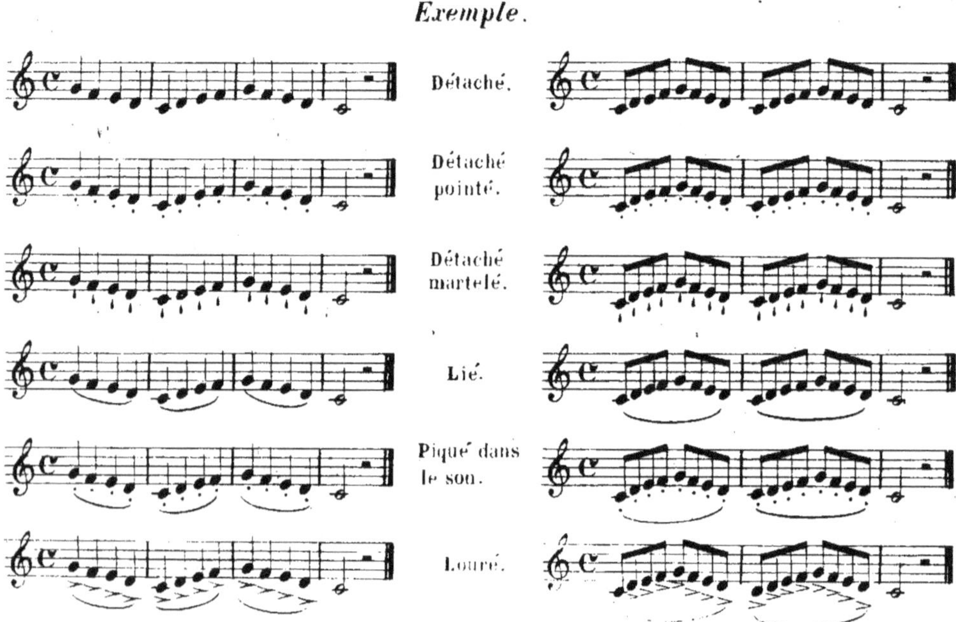

Nota. Afin que les Elèves soient bien pénétrés de ce qui précède, j'engage le professeur de leur faire lire à chacun et séparément de temps en temps; c'est un sûr moyen de progrès.

(Avis) Les Elèves qui jouent les Instruments en (SI ♭) prendront la portée qui leur est indiquée ceux qui jouent en (MI ♭) pareillement prendront celle qui leur est assignée.

Chaque Elève devra avoir sa Méthode à son pupitre et suivre avec la plus grande attention, les Exercices qui se diront séparement cette manière abrégera bien des difficultés et les habituera pour les Ensemble.

Nota. Un seul Elève commence puis tous Ensemble.

EXERCICES JOURNALIERS,

sur les notes graves.

Chaque Nº devra être répété cinq ou six fois suivant le besoin.

EXERCICES JOURNALIERS.

Chaque Exercice ci-dessous devra être répété 10 fois.

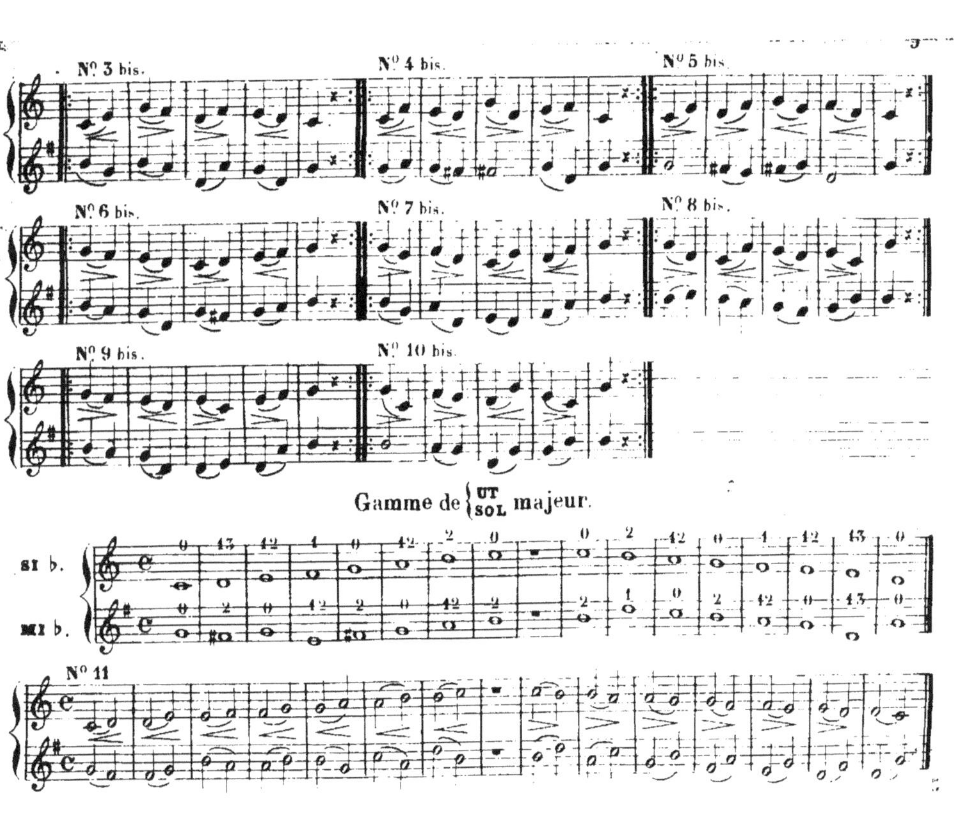
Nº 3 bis.
Nº 4 bis.
Nº 5 bis.
Nº 6 bis.
Nº 7 bis.
Nº 8 bis.
Nº 9 bis.
Nº 10 bis.
Gamme de {UT SOL majeur.
SI b.
MI b.
Nº 11

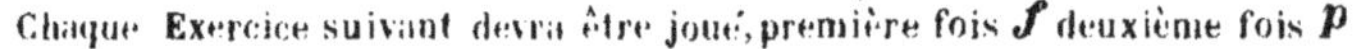
Chaque Exercice suivant devra être joué, première fois *f* deuxième fois *p*

Nota. Un seul Elève 1re fois, puis tous Ensemble.

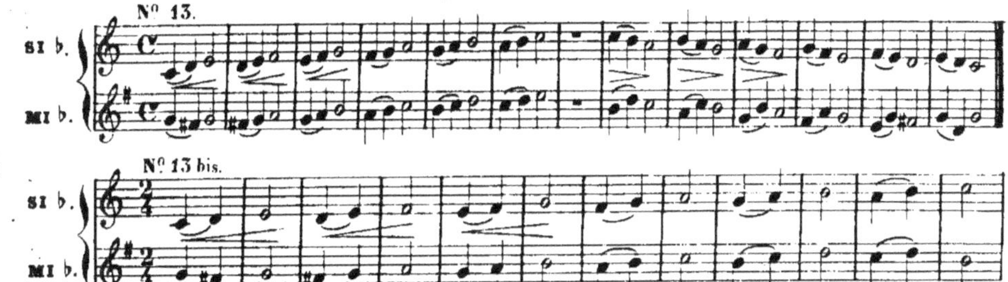

N° 13.

SI b.

MI b.

N° 13 bis.

SI b.

MI b.

N° 14.

SI b.

MI b.

N° 15.
SI ♭.
MI ♭.
EXERCICES JOURNALIERS.
Prendre le mouvement lent puis plus vite.
Répéter chaque N° 8 fois.
Travailler tous les jours soigner les articulations.
N° 16.
N° 17.
N° 18.
SI ♭.
MI ♭.
N° 19.
N° 20.
N° 21.

Nº 22.
Nº 23.
Nº 24.
Nº 25.
Nº 26.
SI b.
MI b.
Nº 26 bis.
SI b.
MI b.

N.º 27.
SI b.
MI b.
N.º 27 bis.
SI b.
MI b.
N.º 28.
SI b.
MI b.

après le N° 28, je recommande de récapituler à partir du commencement de la Méthode quelques Exercices par jour.

Gamme de {LA / MI} mineur.

du PORTAMENTO ou PORT de VOIX.

Le Portamento étant une difficulté à vaincre, devra être travaillé avec soin et séparément, poser le son et augmenter sa force sur la note supérieure. L'inverse devra être observé pour les huit dernières mesures, attaquer la note supérieure et diminuer pour la note inférieure.

Exemple.

(*Nota*) Un seul Elève 1.re Fois puis tous Ensemble.

Nº 32.
SI b.
MI b.
Fin.
D.C.
Nº 33.
SI b.
MI b.
Gamme de SOL RÉ majeur
SI b.
MI b.

N° 34.
SI b.
MI b.
N° 35.
SI b.
MI b.
N° 36.
SI b.
MI b.
23
N° 37.
SI b.
MI b.
p
f
f
p
f
p

N° 38.
SI b.
MI b.
p
f
N° 39.
Fin.
D.C.
Gamme de {MI / SI} mineur.

PORTAMENTO.

Les N.os 41, 42, étant des contre temps — Faire jouer les Basses au 1.er Temps.

Les N°s 43, 44, étant des contre temps — Faire jouer les Basses au 1er et 3e Temps.

N°. 43.

SI b.

MI b.

N°. 44.

SI b.

MI b.

Nº 45.
SI ♭.
MI ♭.
p
f
Fin.
D.C.
Gamme de {FA DO majeur.
PORTAMENTO.
Nº 46.

Nº 47.
SI b.
MI b.
Nº 48.
SI b.
MI b.
Nº 49.
SI b.
MI b.

N°50. Andante.
SI ♭.
MI ♭.
Fin.
D.C.
Gamme de RÉ LA majeur.
SI ♭.
MI ♭.
N° 51.
SI ♭.
MI ♭.

Nº 52.
SI ♭.
MI ♭.
Nº 53.
SI ♭.
MI ♭.
Nº 54.
SI ♭.
MI ♭.
f
p

Fin.
D.C.
Gamme de RÉ / LA majeur.
SI ♭.
MI ♭.
N° 55.

N. 56, 57, étant contre-temps faites jouer le 1er temps par les basses.
N° 56.
SI b.
MI b.
N° 57.
SI b.
MI b.
N° 58.
SI b.
MI b.
N° 59.
SI b.
MI b.

Nº 60.
SI b.
MI b.
Nº 61.
SI b.
MI b.
p
mf
f
p
f

Gamme de { SI / FA# } mineur.

Nº 65.
SI ♭.
MI ♭.
Nº 66.
SI ♭.
MI ♭.

Nº 67.
SI ♭.
MI ♭.

Gamme de {SI ♭ / FA} majeur.

Nº 70.
SI♭.
MI♭.
Nº 71.
SI♭.
MI♭.

les Basses marqueront le temps fort.
Mouvt de Valse.
Chant.
SI b.
MI b.
SI b.
Basse.
p
mf
Fin.

f
f
f
p
cres
cen
do.
f
ff
ritard.
D.C.

6 EXERCICES JOURNALIERS
de Mécanisme et d'Articulation.

Nº 3.
Nº 4.

Nº 5.

1

Nº 6.

1

6 ÉTUDES.

Allegro.
Nº 3.
Modto
Nº 4.

Allegro
Nº 5.
Fin.
D.C.
Moderato.
Nº 6.

www.ingramcontent.com/pod-product-compliance
Lightning Source LLC
LaVergne TN
LVHW010007230826
846092LV00002B/690

9782329610054